Dedicated to the creator in you.

WHO I AM

What do you want out of life?

_____

_____

_____

_____

_____

_____

_____

_____

_____

_____

_____

_____

What makes me happy?

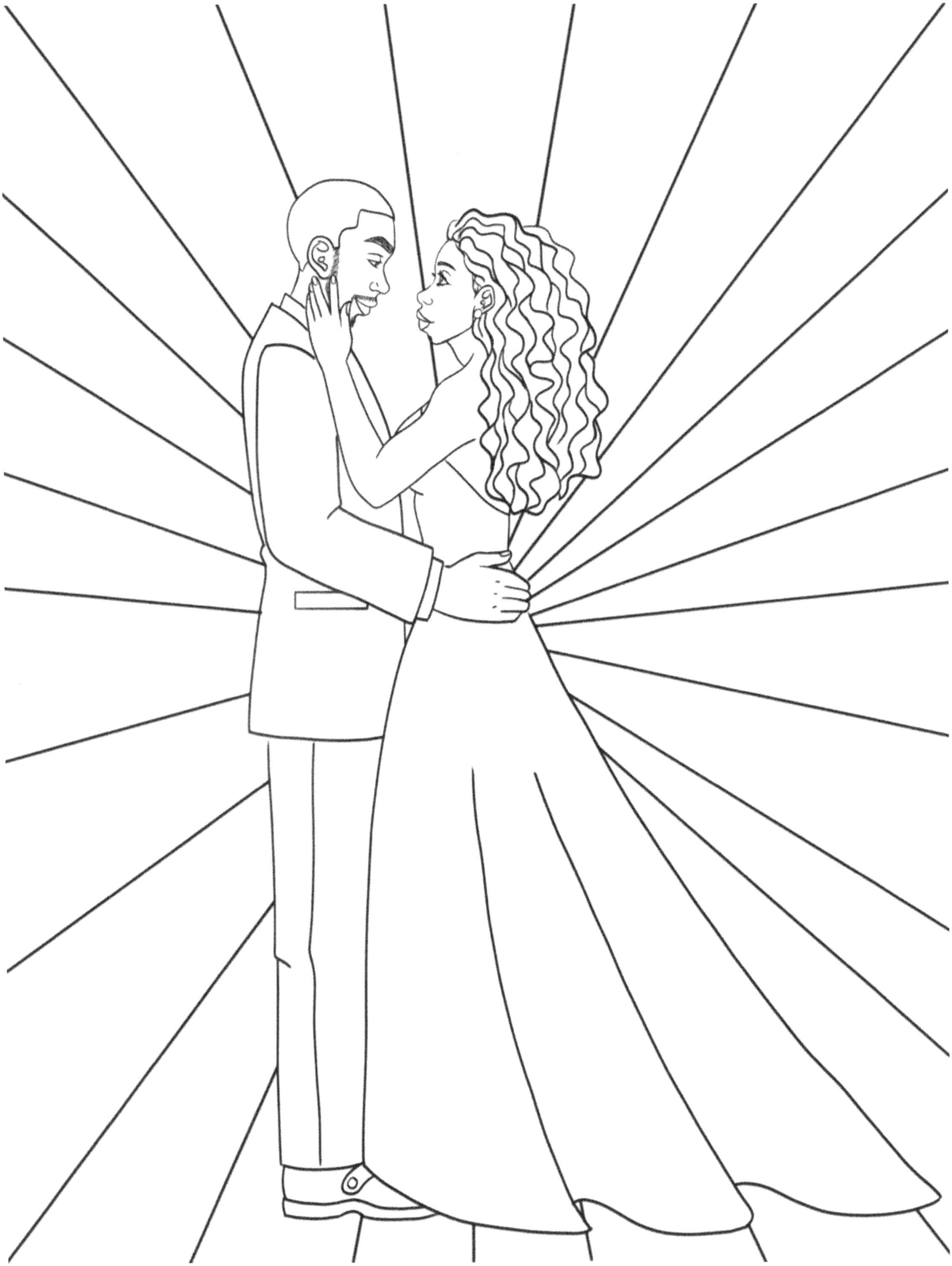

I AM

```
D C P A S A S U O Y O J K H Q B T M K W
P J J P I N X Q J G U S W O R T H Y Y G
M W H E L P F U L D E A R X I G Q D L E
E E I Q A G C Q E D O P S F H W N J X O
O Y S W H A C I T E H T A P M E S V M T
P F R T V Q S A A R D Y B Y B R V N Q Q
T B L Q J W E K N O J H N E O Q I V Y V
I N U J R G T I O D T E E M V N T Q Z I
M M F Z F Z A N I A D P Z O V J E V N O
I D I M M C R D S O E V L S K A N D C B
S K T F W H E I S V R V V D P P T S S E
T I U A T E D I A A A S T N R X H Q Z J
I Q A M B R I U P L P T I A E S U Q R Z
C G E P V I S P M U E B L H C A S T Y R
C N B I X S N D O E R O X G I M I H A K
G T C W E H O M C D P Y P V O N A Q H U
E T J D J E C N G I T Y O J U U S U E I
Z J X P S D Y H T L A E H O S F T L G W
H C K T N E D I F N O C K G Z Q I J C Y
P L B M C T Z A F A N E W T W R C J E P
```

Adored   Cherished   Precious   Valued   Fun
Helpful   Kind   Considerate   Compassionate   Empathetic
Healthy   Worthy   Confident   Joyous   Beautiful
Handsome   Prepared   Optimistic   Enthusiastic   Dear

WHO I AM

What do you focus on most in your life? (*or what do you value?*) How is this evident in your life now?

_____

_____

_____

_____

_____

_____

_____

_____

_____

_____

_____

_____

_____

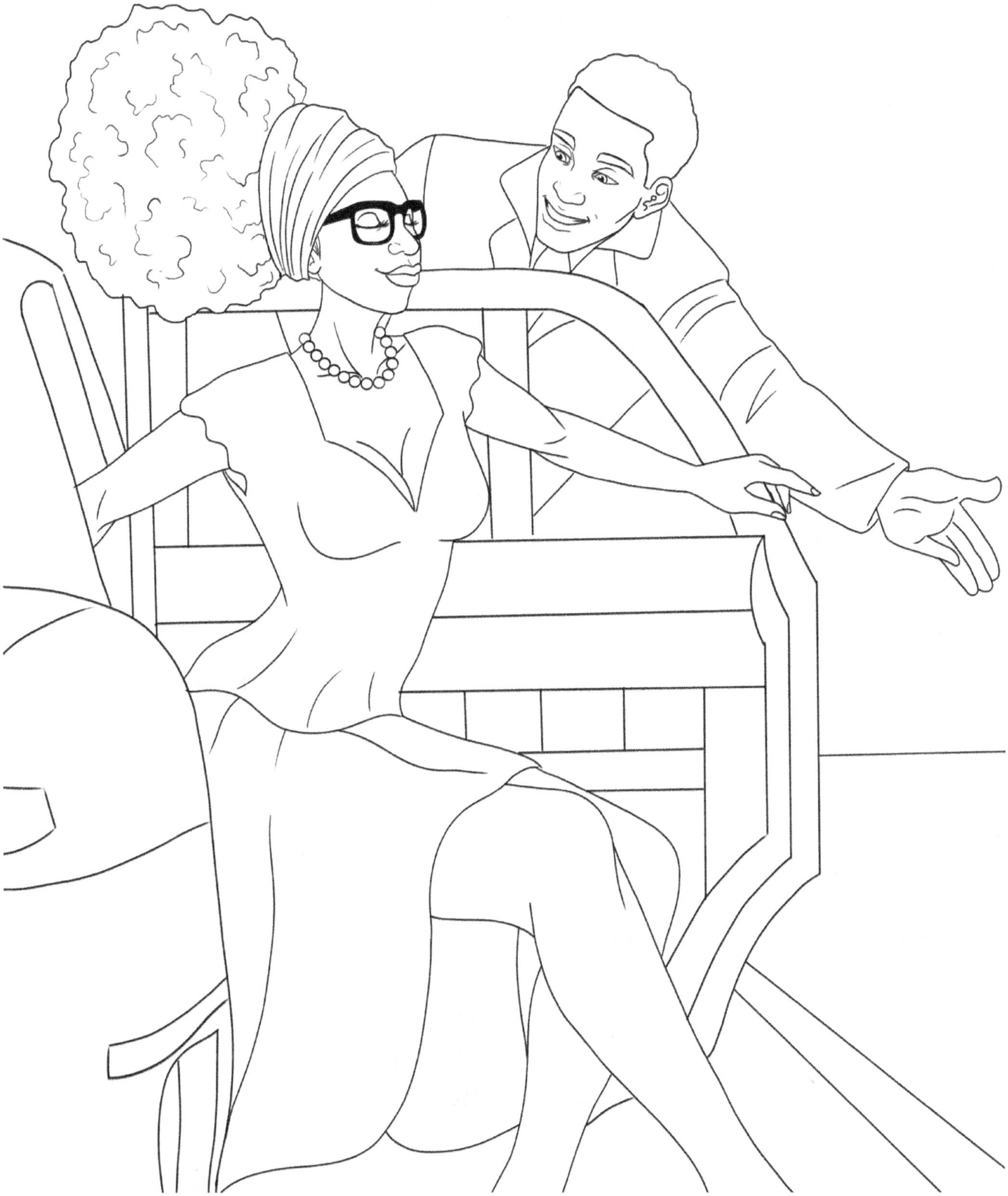

WHO I AM

Here are some examples to help start you on your way for journaling.

Relationship	In my relationship, I am 1. Kind 2. Resilient 3. Brave
Spiritual	Spiritually, I am 1. Trusting 2. Growing 3. Harmonious
Financial	Financially, I am 1. Observant 2. Abundant 3. Growing
Health	Health-wise, I am 1. Getting younger 2. Getting stronger 3. Getting better

WHO I AM

What are your beliefs about yourself?

_____

_____

_____

_____

_____

_____

_____

_____

_____

_____

_____

_____

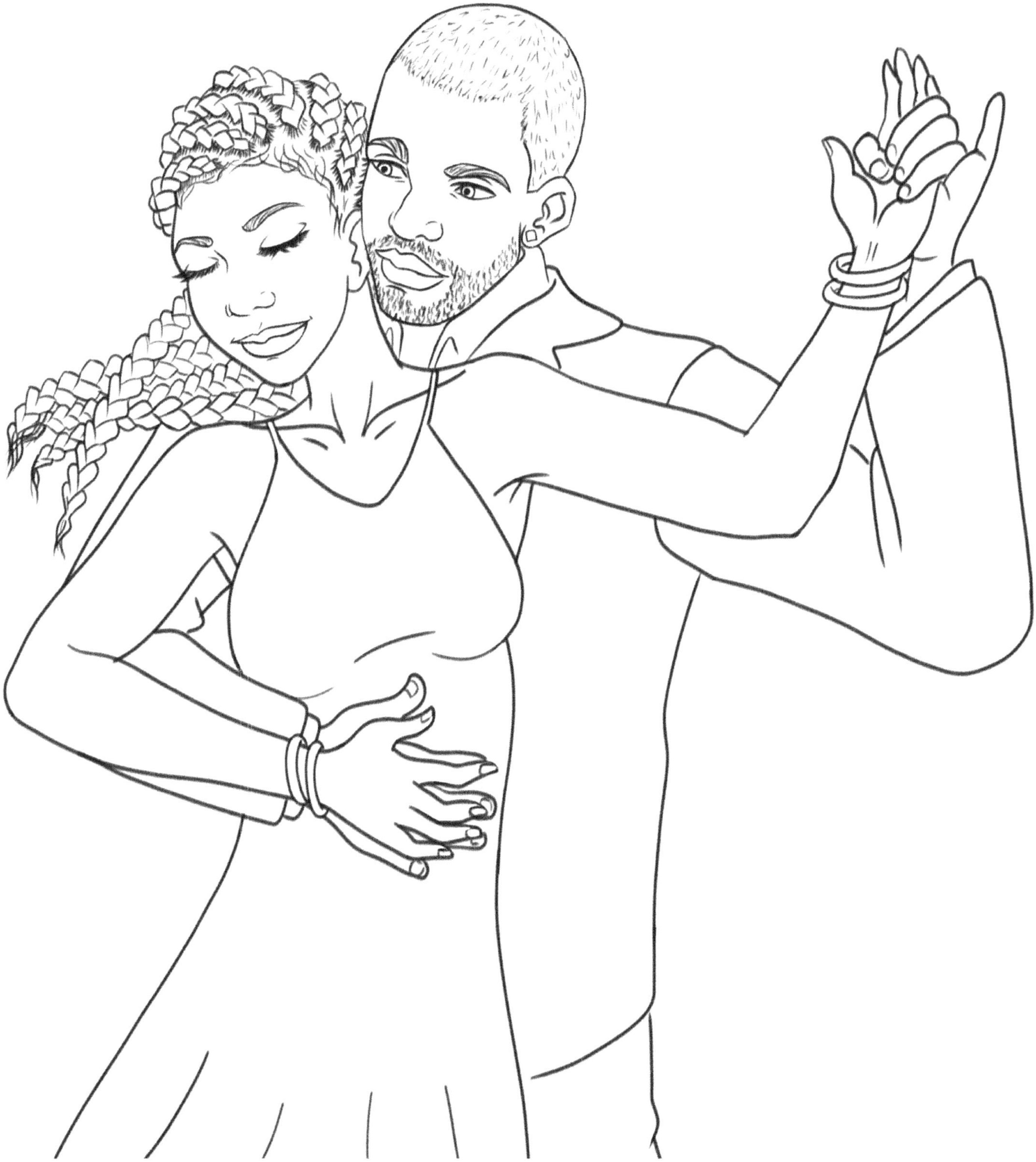

OUR ROMANCE

Describe how you both met.

_____

_____

_____

_____

_____

_____

_____

_____

_____

_____

_____

_____

MY PARTNER IS

```
T S P I M A R V E L O U S G V X C U U S
J S O U R D G V B W T C B A G D E W F R
H T D E T F I G M R Q O Z N B Y P F O S
V B O B S F P C A G U M S Q O Q H C D F
B V Q K B W J B O S N P O I Y E F W N X
E Z J J G O T L E R R A S Y F G I K E R
A A X R E G W O Z D R S M Z R J U U I M
U S T H P Q X P P E F S B K I W G K R H
T J H X K E G L T T I I F U E T E F F J
I E G L O T G D N M O Y A N F S L L T
F W I S O W F V E E A N K B D S M A R T
U L R M G O Q Y G L G A E V V Y E F I K
L J B T N G E T I A I T L J J L C Z G Q
F G X V E J A A L T N E O G K P X W W C
X N K N N U E Y L T A G H D U I G I L U
X A R G P S W G E W T R W C I Q Q F I F
O F F J U F B M T E I C O N F I D E N T
F G N I V I G S N S V H U S B A N D C O
H A N D S O M E I I E G O R G E O U S K
W P U E N I F I V W N K I E O H E J T F
```

Handsome	Talented	Imaginative	Marvelous	Wife
Gorgeous	Intelligent	Giving	Confident	Boyfriend
Wise	Bright	Compassionate	Whole	Girlfriend
Smart	Gifted	Beautiful	Husband	Fine

Acknowledging the best.

How does my partner make me feel valued?

_____

_____

_____

How does my partner please me?

_____

_____

_____

How does my partner contribute to my strengths?

_____

_____

_____

How does my partner contribute to my wellness?

_____

_____

_____

Acknowledging the best.

Acknowledging the best.

How can I make my partner feel valued?

_____

_____

_____

How can I please my partner?

_____

_____

_____

How can I contribute to my partner's strengths?

_____

_____

_____

How can I contribute to my partner's wellness?

_____

_____

Acknowledging the best.

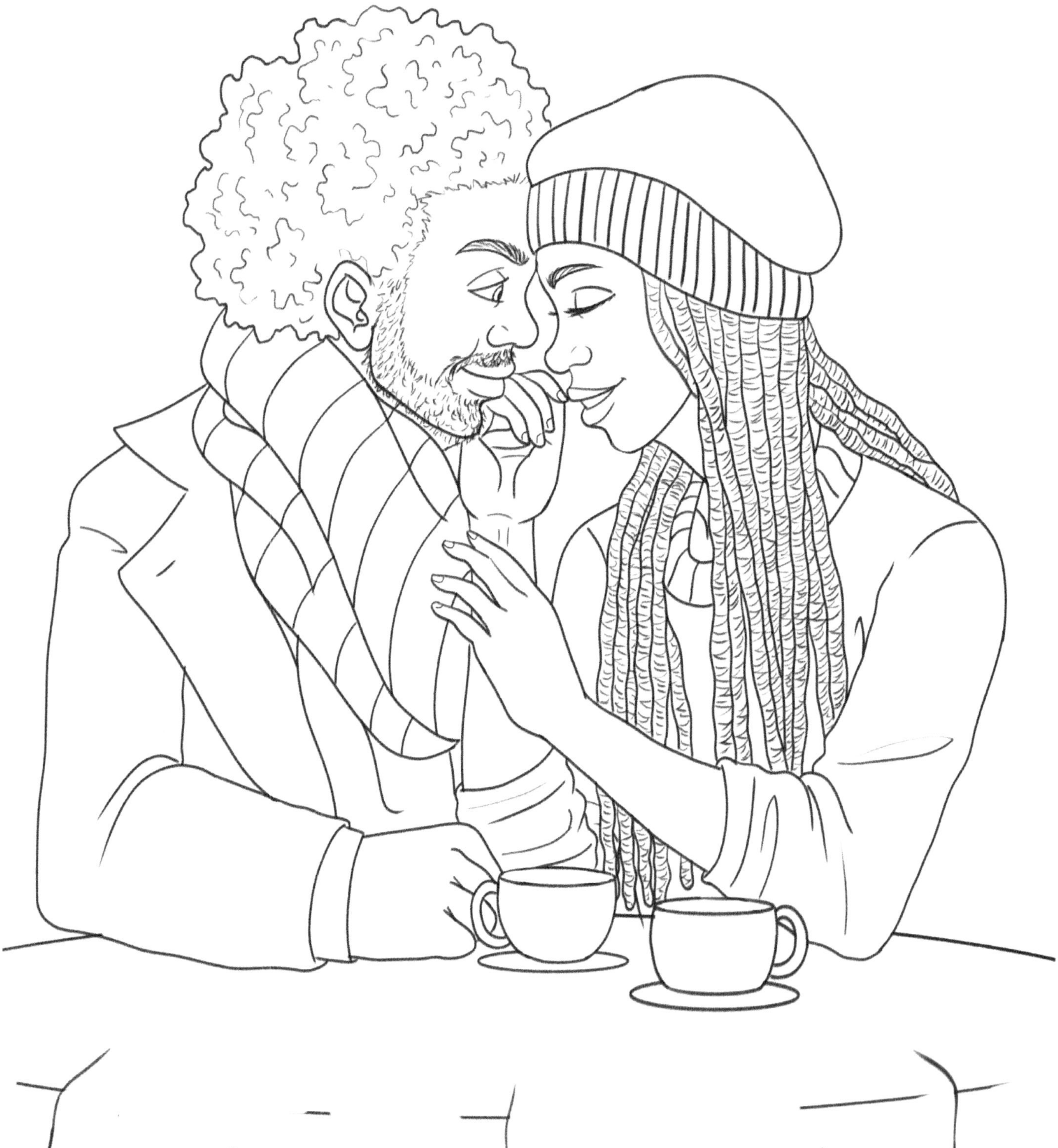

Acknowledging the best.

How does my partner make me feel trusted?

_____

_____

_____

How does my partner make me feel special?

_____

_____

_____

How does my partner contribute to my personal goals?

_____

_____

_____

How does my partner contribute to my growth?

_____

_____

Acknowledging the best.

YOU ARE MY

```
M E V O L P R W M S P U T J K P W E R A
A S R K Q Y E O W W P K K O T P I F C W
U L F R R R T R C X F H N S C I Z I W S
J V V V R O R E Y A X B I Q M O Y W D W
C G Z S O T O H I T C O M P A N I O N Q
R B Q P T A P U Y V N D E J T K X H A M
G L W O C V P R U C P O Q F E J T X B L
B F J U E I U E E P B R P D I B O R S O
F V P S T T S D A I N O I P M A H C U V
Y W X E O O R A Z I L G Y U W B S O H E
E M I H R M T E S B R E N T R A P H A R
H C Q K P Q M L X Z Z B G N I L R A D D
B Y Q F A E W R L S R R E U B D M Y I R
S R A E D M Q E L I O I S I E W S H D S
U G Q B Y K Q E N D E T A M L U O S O F
O V V Y Q Z X H U V E Y R Q O P I J A M
S F R I E N D D C M K O S A R V K A S I T
T Z A Q N B C C U F Y I H F E A M F J W
F U T U R E E G T Z H S R O D Q J X B L
Z K W O S B O H M V S T E V R G H C P G
```

Partner	Friend	Future	Champion	Husband
Supporter	Hero	Companion	Spouse	Mate
Soulmate	Motivator	Cheerleader	Darling	Love
Protector	Beloved	Lover	Dear	Wife

Acknowledging the best.

How can I make my partner feel trusted?

_____

_____

_____

How can I make my partner feel special?

_____

_____

_____

How can I contribute to my partner's personal goals?

_____

_____

_____

How can I contribute to my partner's growth?

_____

_____

Acknowledging the best.

_____

_____

_____

_____

_____

_____

_____

_____

_____

_____

_____

CLARITY

Describe one thing you can focus on (with no tolerance to distractions, contradictions or confusion) that puts you in a state of appreciation.

_____

_____

_____

_____

_____

_____

_____

_____

_____

_____

_____

_____

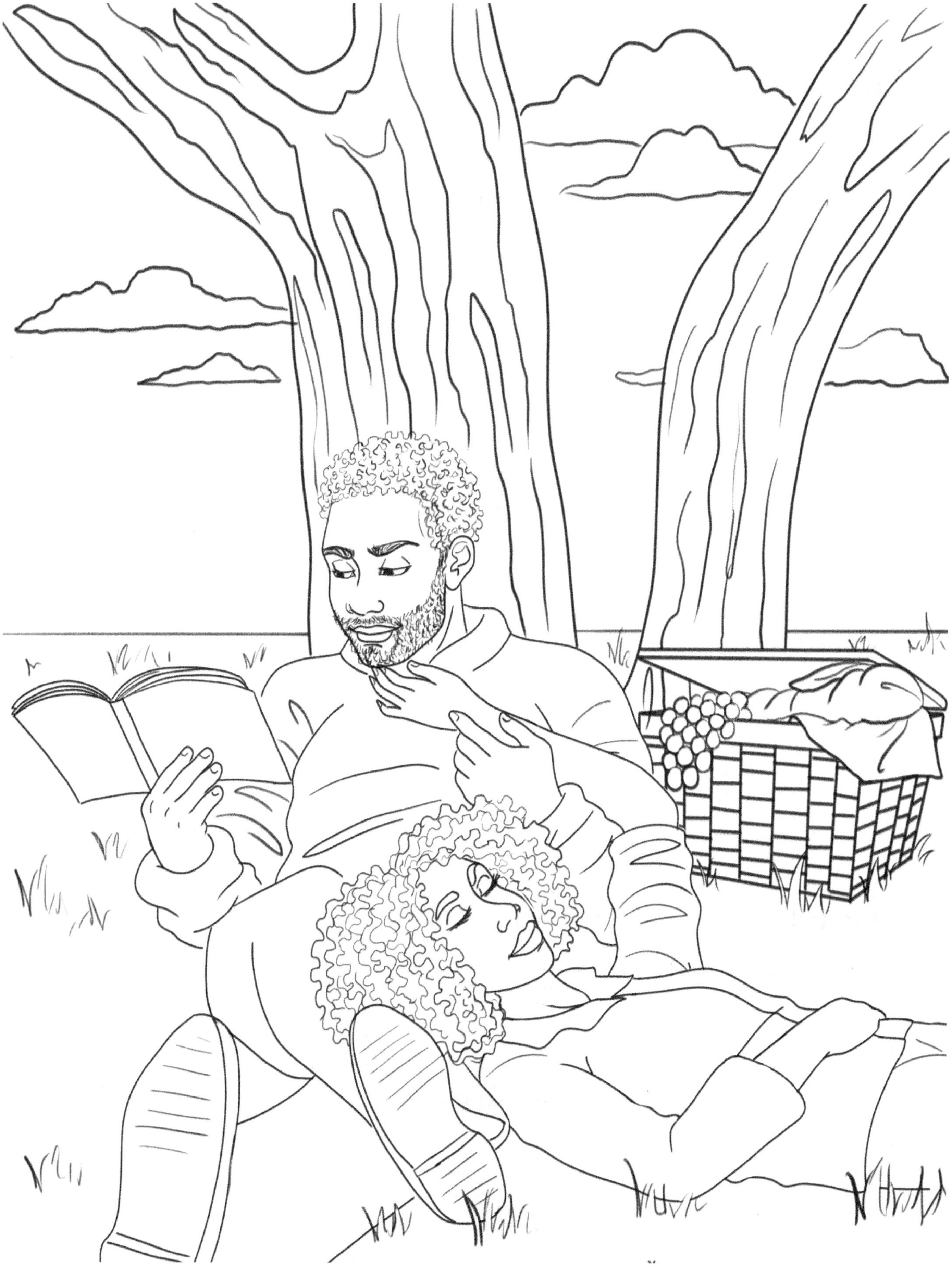

OUR GOALS

Here are some examples to help start you on your way for journaling.

Relationship	Describe the details of 1. The projects you plan to do together 2. The time you plan together 3. The date nights you want to arrange 4. What matters most to each of you
Spiritual	Describe the details of 1. Your prayer time 2. Your individual meditation time 3. Your Study time 4. What matters to each of you
Financial	Describe the details of 1. Spending 2. Saving 3. Budgeting what matters to each of you 4. Investing/Giving
Health	Describe the details of 1. Exercising 2. Meal Preparation/Shopping Lists 3. Supplements/Vitamins 4. Cleansing plan

OUR GOALS

Identify your main goals.

Relationship	1.
	2.
	3.
Spiritual	1.
	2.
	3.
Financial	1.
	2.
	3.
Health	1.
	2.
	3.

WE ARE

```
I  M  S  A  O  J  V  G  U  R  R  B  T  A  G  A  X  N  Z  R
K  R  Z  M  F  J  K  M  I  N  D  X  Z  N  R  X  F  M  G  L
N  Y  G  N  I  V  O  L  A  M  A  Z  I  N  G  V  V  F  A  F
N  K  K  D  E  T  N  E  D  I  F  N  O  C  C  D  N  P  U  C
O  A  Z  W  T  H  O  U  G  H  T  F  U  L  P  H  L  J  I
J  S  I  H  G  U  B  G  D  T  P  K  T  Y  H  E  F  A  M  K
W  P  W  O  L  U  F  H  T  I  A  F  S  P  S  T  B  Y  O  Y
G  K  U  L  V  T  K  N  U  V  W  H  U  G  Y  A  V  F  T  Y
K  V  B  E  H  Z  F  C  G  G  H  O  O  G  U  N  N  U  I  U
Z  Y  X  H  H  Y  G  X  F  N  N  M  E  Y  F  O  T  L  V  L
E  C  N  E  C  I  F  I  N  G  A  M  N  F  J  I  Y  L  A  U
O  V  T  A  Y  O  Y  J  L  V  E  F  A  X  S  T  C  I  T  F
S  V  H  R  K  D  E  V  O  T  E  D  T  I  E  C  C  L  E  T
Z  U  A  T  I  N  V  M  R  W  J  B  N  N  V  E  A  B  D  C
R  R  N  E  N  E  T  T  I  M  S  R  O  S  I  F  R  Z  S  E
Z  C  K  D  D  X  D  E  D  H  O  X  P  P  T  F  I  I  Z  P
X  M  F  H  G  U  M  S  B  L  D  Z  S  I  I  A  N  Y  V  S
S  D  U  S  U  G  C  L  Q  L  I  K  H  R  S  R  G  I  D  E
Q  A  L  A  D  K  O  L  C  S  X  P  A  E  O  D  J  X  K  R
E  D  E  G  A  R  U  O  C  N  E  F  O  D  P  I  A  Z  Y  D
```

Devoted	Smitten	Spontaneous	Playful	Faithful
Wholehearted	Motivated	Magnificence	Loving	Caring
Inspired	Thankful	Confident	Affectionate	Thoughtful
Encouraged	Respectful	Positive	Amazing	Kind

OUR GOALS

Describe your goals in detail.

_____

_____

_____

_____

_____

_____

_____

_____

_____

_____

_____

_____

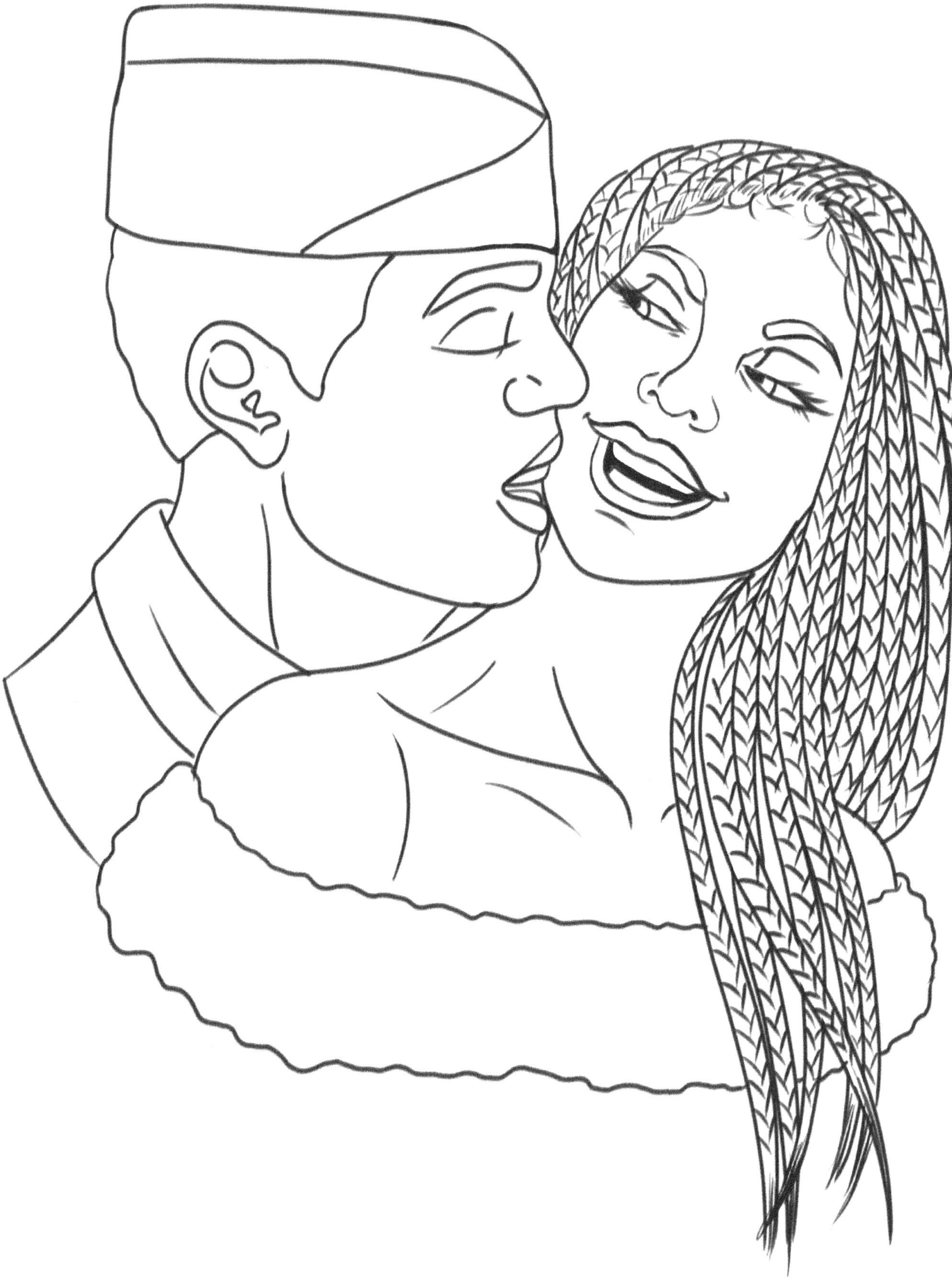

OUR GOALS

Here are some examples to help start you on your way for journaling.

Legacy	Describe the details of 1. Life Insurance 2. Will 3. Estate Planning
Family	Describe the details of 1. Family time/Vacations 2. Household chores and responsibilities 3. Blended family time
Community	Describe the details of 1. Building relationships with neighbors 2. Volunteering 3. Supporting local businesses
Celebration	Describe the details of 1. Gratitude celebrations 2. Accomplishment celebrations 3. Anniversary

OUR GOALS

Identify your main goals.

Legacy	
	1.
	2.
	3.
Family	1.
	2.
	3.
Community	1.
	2.
	3.
Humanity	1.
	2.
	3.

OUR GOALS

Describe your goals in detail.

WE HAVE

```
B G Q D W T T J J X L E U L A V Z N A Y
P X G L B J R H G R E A T N E S S O R X
Q J J T H L R E M O D E E R F N J I I X
G C H T V C K V S N F I Q E H X O T I E
I L D R C J S E R I G E Z S V E L A J G
P V E Q H D M U M N H O Y P U S F C I B
E F P H T I A F W T O O I E X T Z I G J
W X J U G G G U H E N O A C Y S W N P D
V C U H N N N T G O J C T N F Q U Y D
E K V U E I I V O R R F B C O E M M D L
E R G E R T F L D I V F D M M D L M M A
J E U C T Y I R S T J S S X R Y O O S E
L T I N S Y C V L Y K I B A A P H C B P
Z H W E F X E R J O O K P Q H S A Y B D
N G U D T N N D J D M C K S K X H S E Y
O U Y I A V C H T V Z Z J W H U Y R F D
I A W F B O E B V V O L S P L E N D O R
S L S N B E P O H R G U Z Z W C K U W B
I N V O T C L A R I T Y D E S I R E S N
V M D C E F R I E N D S H I P U I S H C
```

Dignity	Hope	Greatness	Honor	Laughter
Communication	Freedom	Value	Friendship	Fun
Splendor	Strength	Confidence	Desires	Vision
Magnificence	Integrity	Respect	Clarity	Harmony

HOSTING COUPLES GAMENIGHT

Babysitter arrangements

_____

_____

_____

Guest list

_____

_____

_____

Food

_____

_____

_____

Beverages

_____

_____

_____

Game selection

_____

_____

_____

OUR VILLAGE

Identify how your village supports your relationship with your partner.

Parents	1.
	2.
	3.
Family	1.
	2.
	3.
Friends	1.
	2.
	3.
Coworkers	1.
	2.
	3.

OUR VILLAGE

OUR VILLAGE

Whose side are you on?

Think of a situation that made you upset. Then, after explaining the situation to your partner, your sentiment was not shared.

How did you feel?

_____

_____

_____

_____

What were your partner's points on their disagreement with you?

_____

_____

_____

Why will you agree to disagree or why will you not?

_____

_____

_____

_____

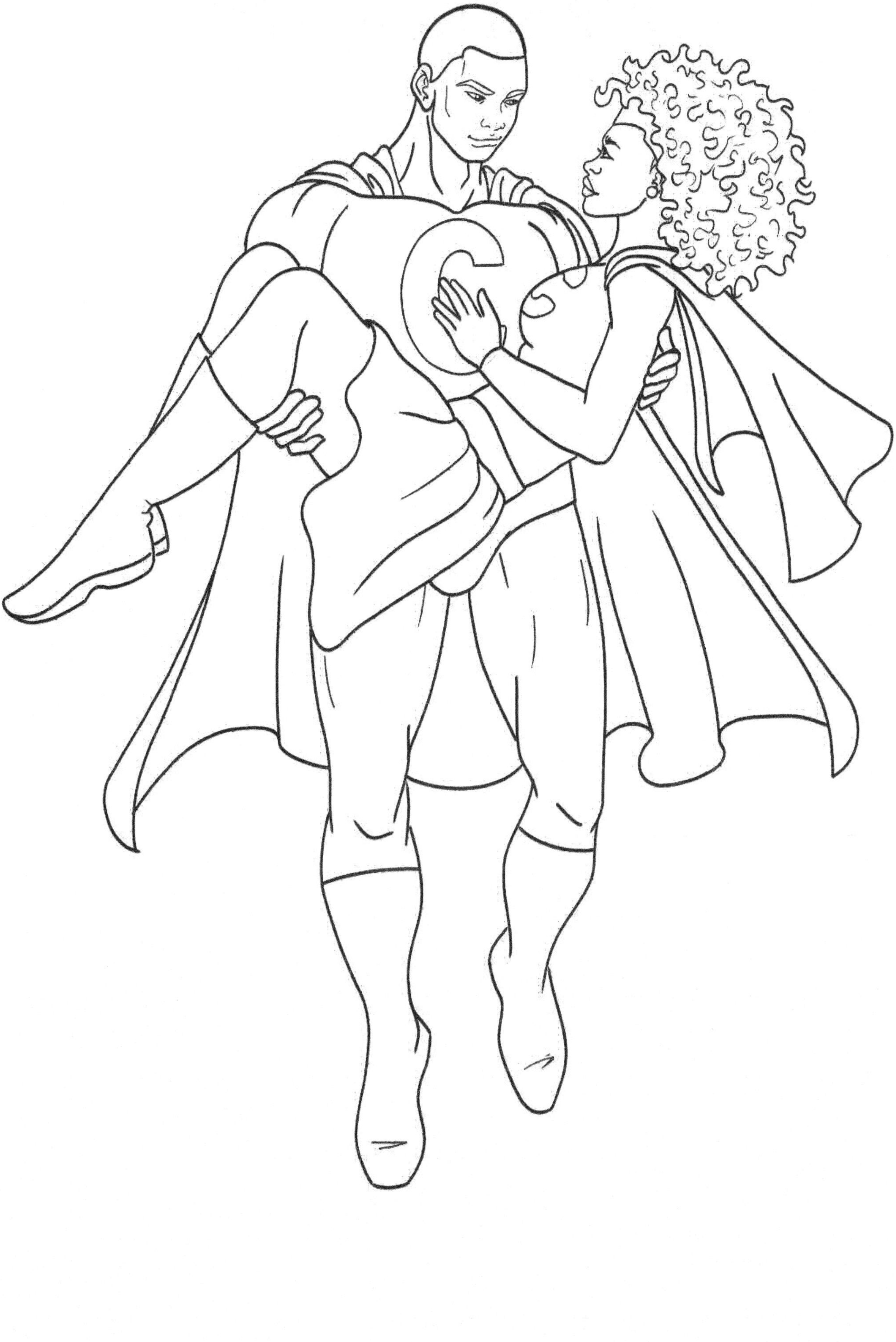

OUR STRENGTH

Describe a time of when you both forgave one another.

_____

_____

_____

_____

_____

_____

_____

_____

_____

_____

_____

_____

_____

OUR STRENGTH

Describe a time of when you forgave your partner.

_____

_____

_____

_____

_____

_____

_____

_____

_____

_____

_____

_____

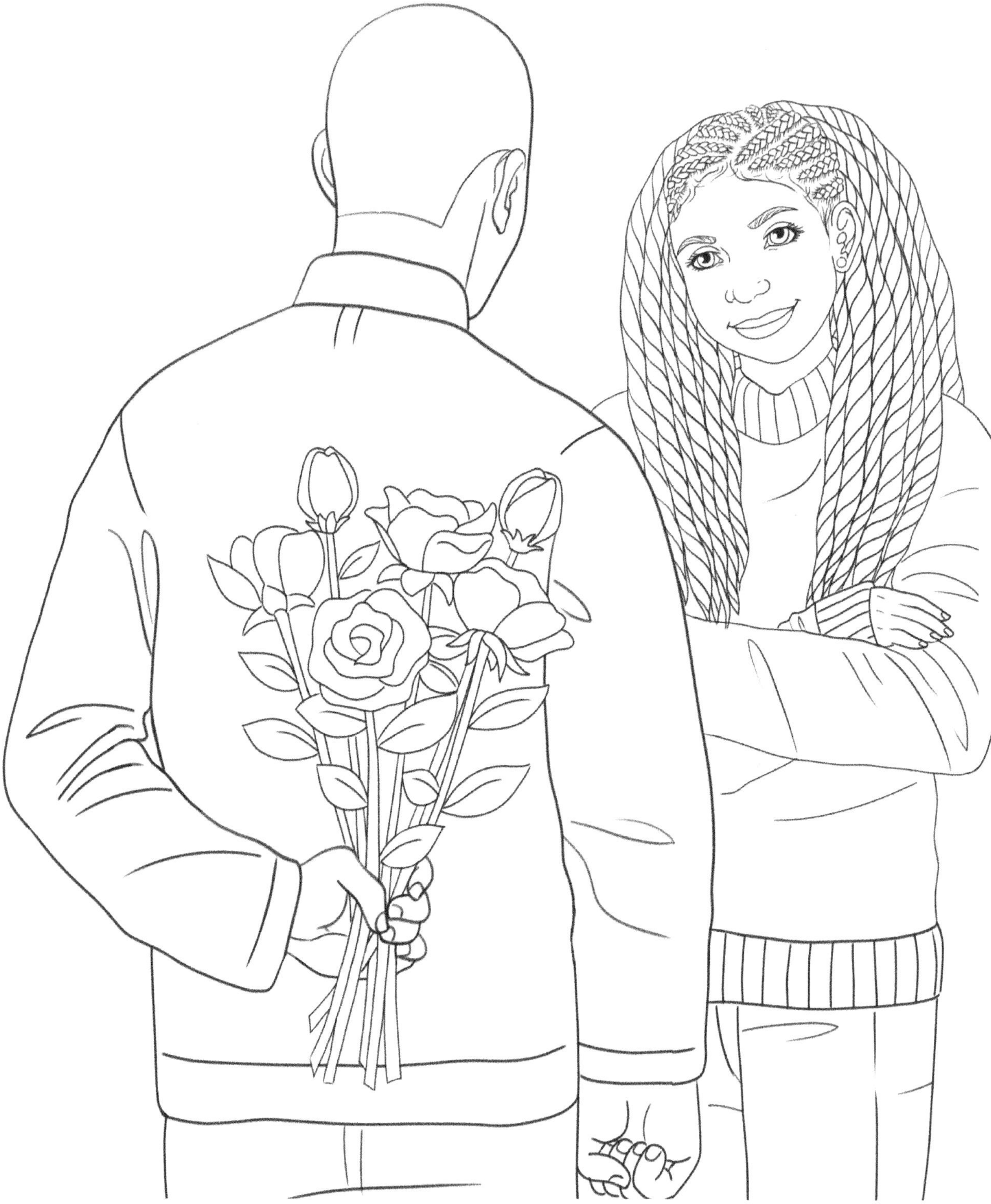

OUR STRENGTH

Describe a time of when your partner forgave you.

_____

_____

_____

_____

_____

_____

_____

_____

_____

_____

_____

_____

_____

IT FEELS LIKE

```
T V L J Q T B S Y W S P W M F M R G J F
A J J E C N A L A B W K M L Y N L U F O
G R Q F Z Y J C O M F O R T S F Y D D Q
I Y T I R U C E S K N B W J T K H A X V
R H N O I T C E N N O C M Y E C Y N X G
S E N S U A L I T Y F Y I N A F U Y I J
W E I Y U Z O Z X Q U V H O D I X H Z E
N O I T A I C E R P P A T M I F G N B C
G W G E N T L E N E S S U R N F R O R L
J Z B T B H G Z E L N Z N A E A A I S S
N W T N E M T N E T N O C H S M T T T S
Y T I R A L C W N E U N G A S C I C A E
U S Y A O U L D W U M C W D B E T A B N
C O N F I D E N C E I O P R N R U F I I
U G R Y Z D W E B I O W Q J E T D S L P
M X V E G L Q G J E T K C B V A E I I P
D M C X E S A E U Z Q P F H Q I Z T T A
S C W D M W E L L B E I N G I N O A Y H
Z H U E N Y A U C H U M I O Z T B S Q J
V K F U L L N E S S G K M B I Y Q X L Z
```

Satisfaction	Comfort	Steadiness	Certainty	Ease
Contentment	Balance	Harmony	Wellbeing	Appreciation
Security	Stability	Gentleness	Gratitude	Happiness
Confidence	Connection	Sensuality	Clarity	Fullness

WEEKEND GET-A-WAY LIST

"The fun we have rejuvenates our relationship and quickens our hearts. Let's go."

- *J.D. Wright*

o Budget

o Arrange for babysitter/house-sitter/kennel

o Local venue selected

o Eatery options selected

o Excursion selected

o Road trip mapped out

o Packing

    o Toiletries

    o Evening wear

    o Excursion wear (swim suite, Hiking gear, etc.)

    o PJ's

    o Romantic items (candles, champagne glasses, etc.)

    o Journal, Book, Magazine

List 5 Deal-Makers and 5 Deal-Breakers in a relationship for you.

Deal- Makers ♥	Deal-Breakers 💔
1.	1.
2.	2.
3.	3.
4.	4.
5.	5.

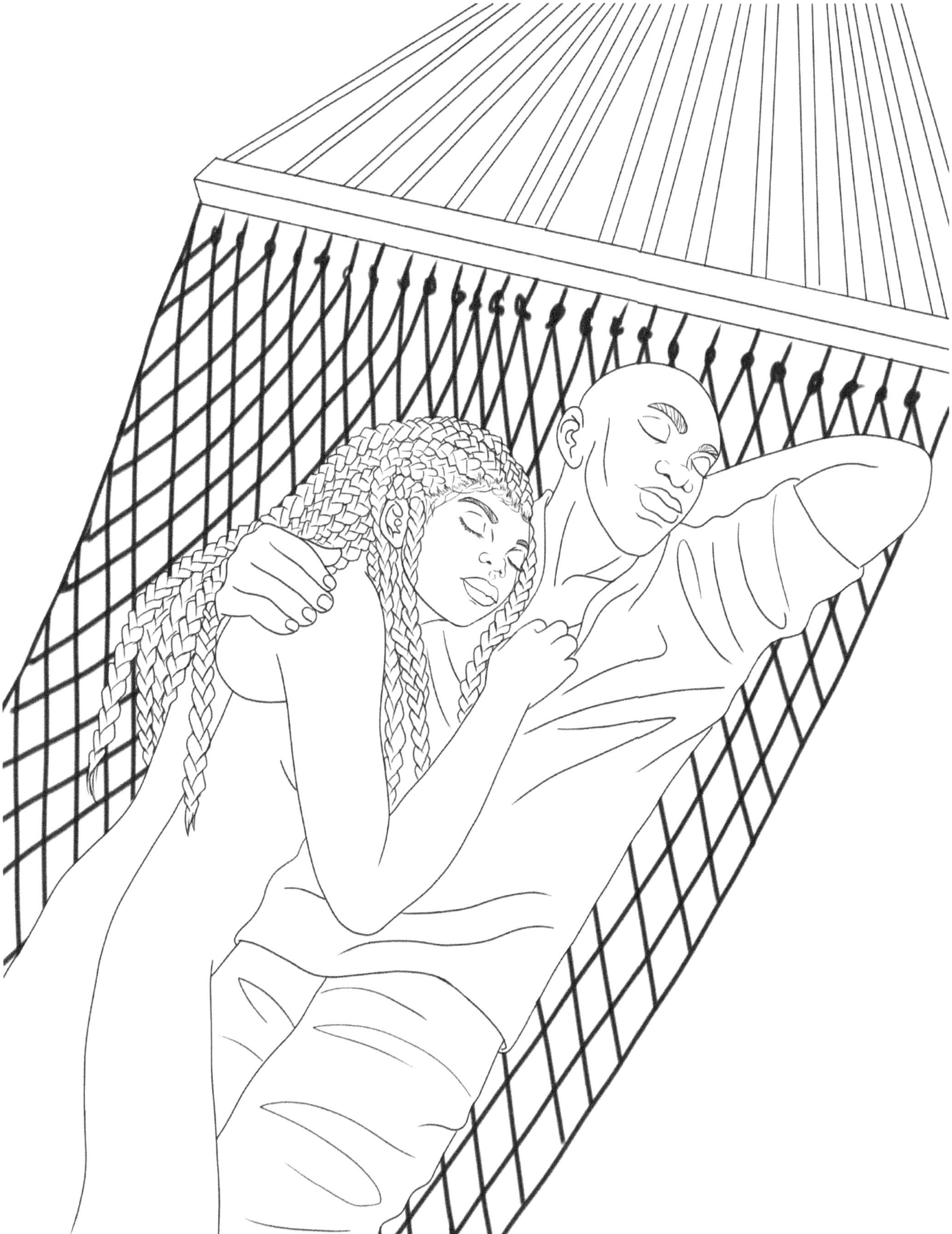

OUR COUPLES
MISSION STATEMENT

_____

_____

_____

_____

_____

_____

_____

_____

_____

_____

_____

MY RELATIONSHIP

```
H K G N W H O G Z T X P O G U G N S W R
C P O J X U U H F F P M T K F R O K J G
Z P G O N Y A Z E S T W R J B C D D U V
L U B X Z S P J O C G D Y S G D O E O Q
G P U F P O X E B J H V Q X N Y O L Q K
I Q M L W O N D E R F U L W O R K I H M
U P J U S Y W O J G T U I D R A Y G R X
V T B F W H W M N F J D V T T L H H H E
R U A S G Y C B K M F N S M S U T T O M
G Y S S E N T H U S I A S T I C L F H A
N B Q I D J T X I K Z O K C E A A U A K
I G I L L U F I T U A E B X Z T E L P Y
Z A O B Y C G E O M Y E U G O C H T P L
A S U O Y O J H Q G N L T K R E G P Y U
M K L Q S L M S J R U D H A X P I L A F
A C Y S P J C M M F F B H D M S P A R E
N I I D X B E A M I N G X G I I F Y L E
O V E W T S E N O H A R M O N I O U S L
R E M A R K A B L E E M E M O S E W A G
P A S S I O N A T E S K Q U F U A O Q X
```

Joyous	Beaming	Blissful	Delightful	Gleeful
Enthusiastic	Zest	Happy	Fun	Healthy
Strong	Spectacular	Amazing	Wonderful	Awesome
Beautiful	Honest	Harmonious	Remarkable	Passionate

OUR STRENGTH

Describe how you both persevered though a challenge.

_____

_____

_____

_____

_____

_____

_____

_____

_____

_____

_____

_____

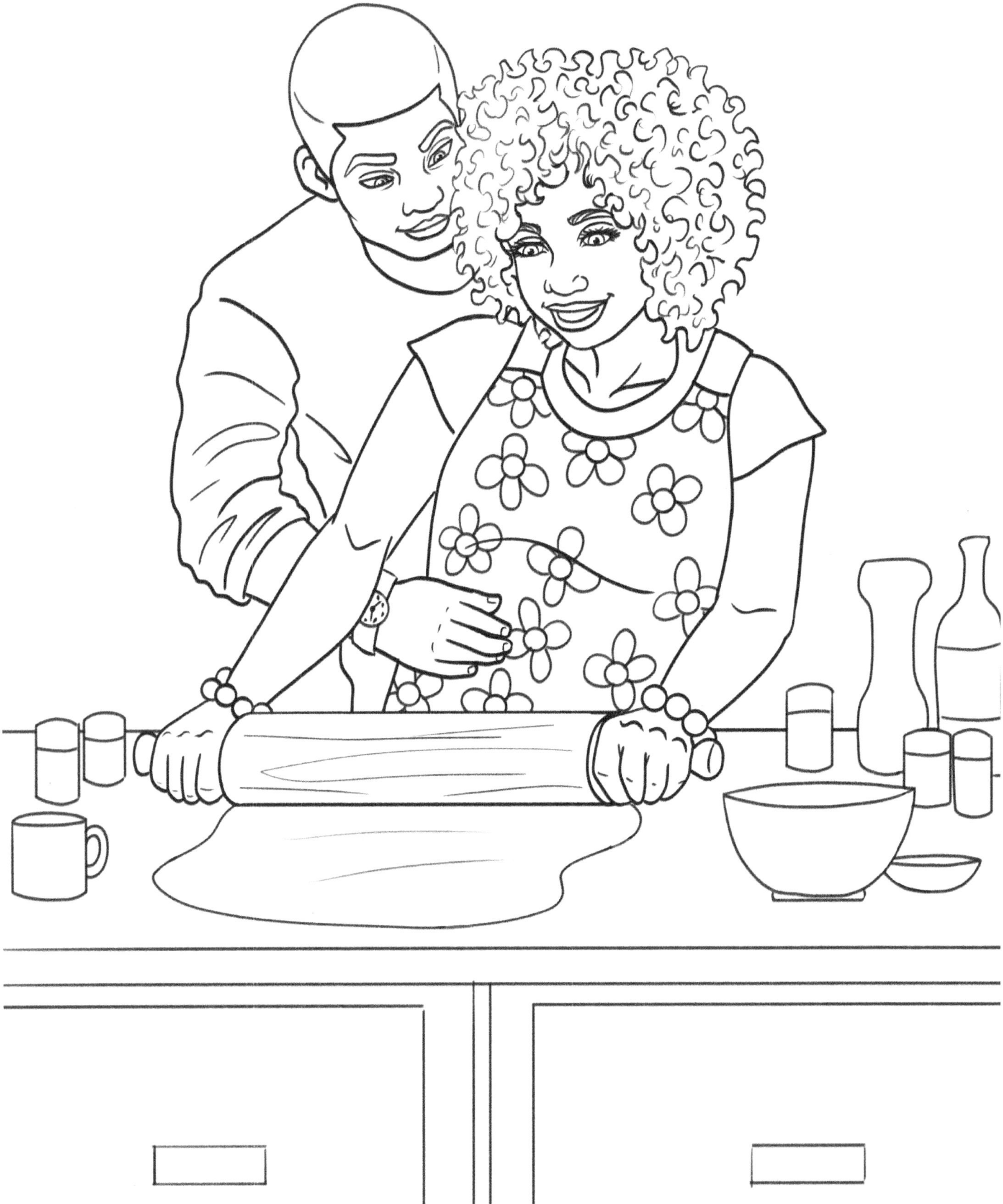

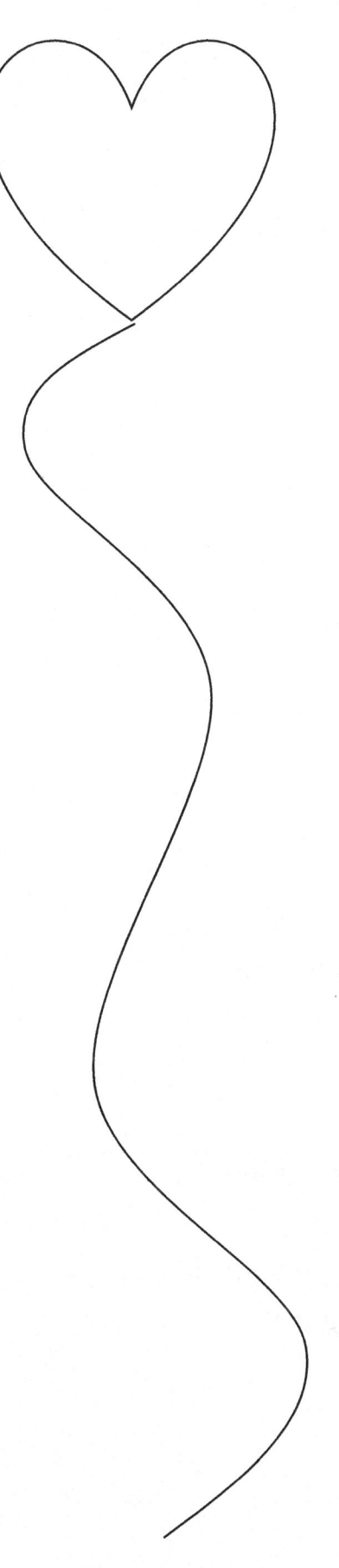

My heart says…

WHO I AM

Here are some examples to help start you on your way for journaling.

Legacy	For my Legacy I am 1. A living example of a good life

Family	In my family, I am
	
	    1. Reliable
	    2. A confidant

Community	In my community, I am
	
	    1. Building relationships
	    2. A good participant

Celebration	When I celebrate, I am
	
	    1. Expressing gratitude
	    2. Expressing joy

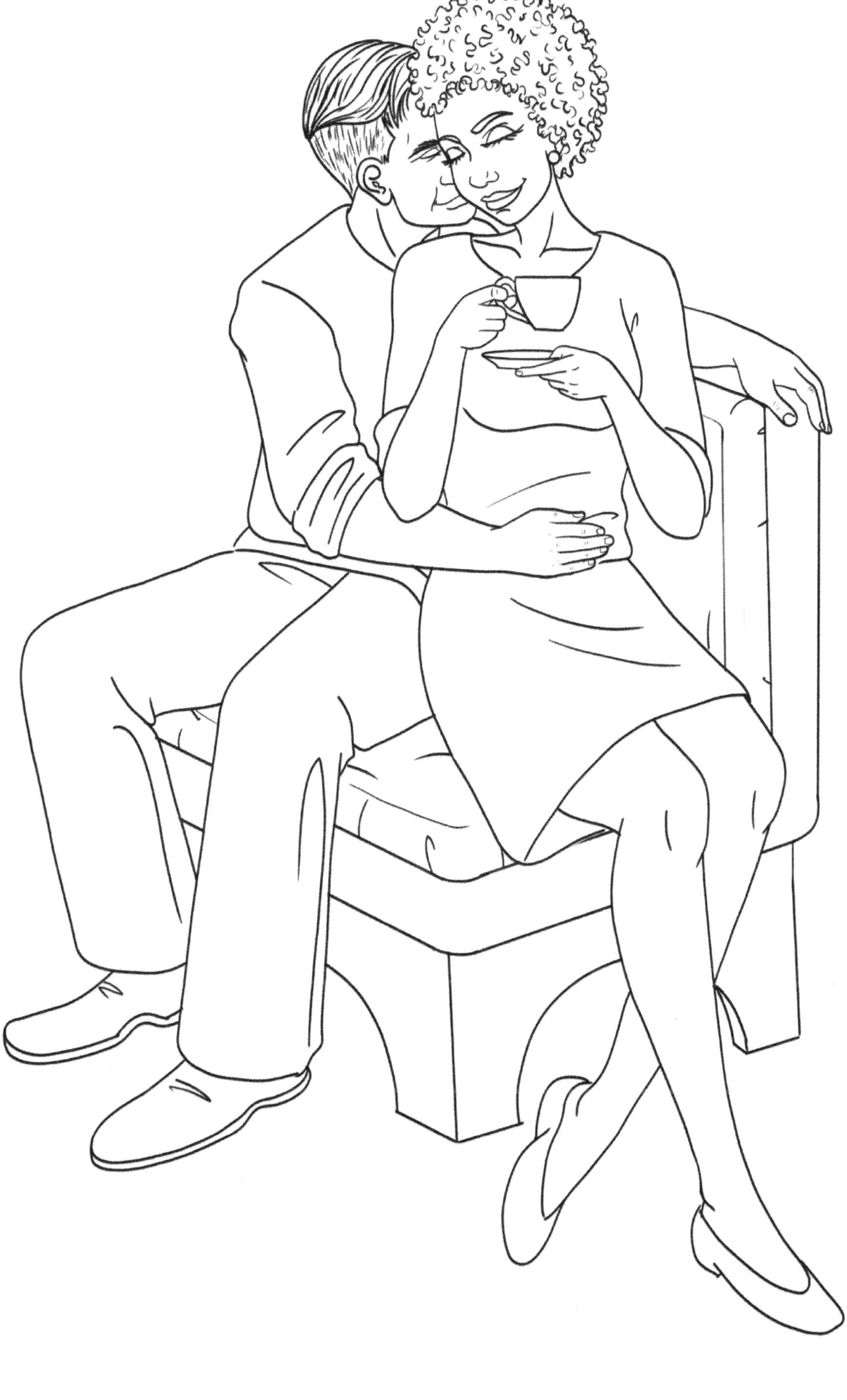

WHO I AM

What are your beliefs about yourself?

_____

_____

_____

_____

_____

_____

_____

_____

_____

_____

_____

_____

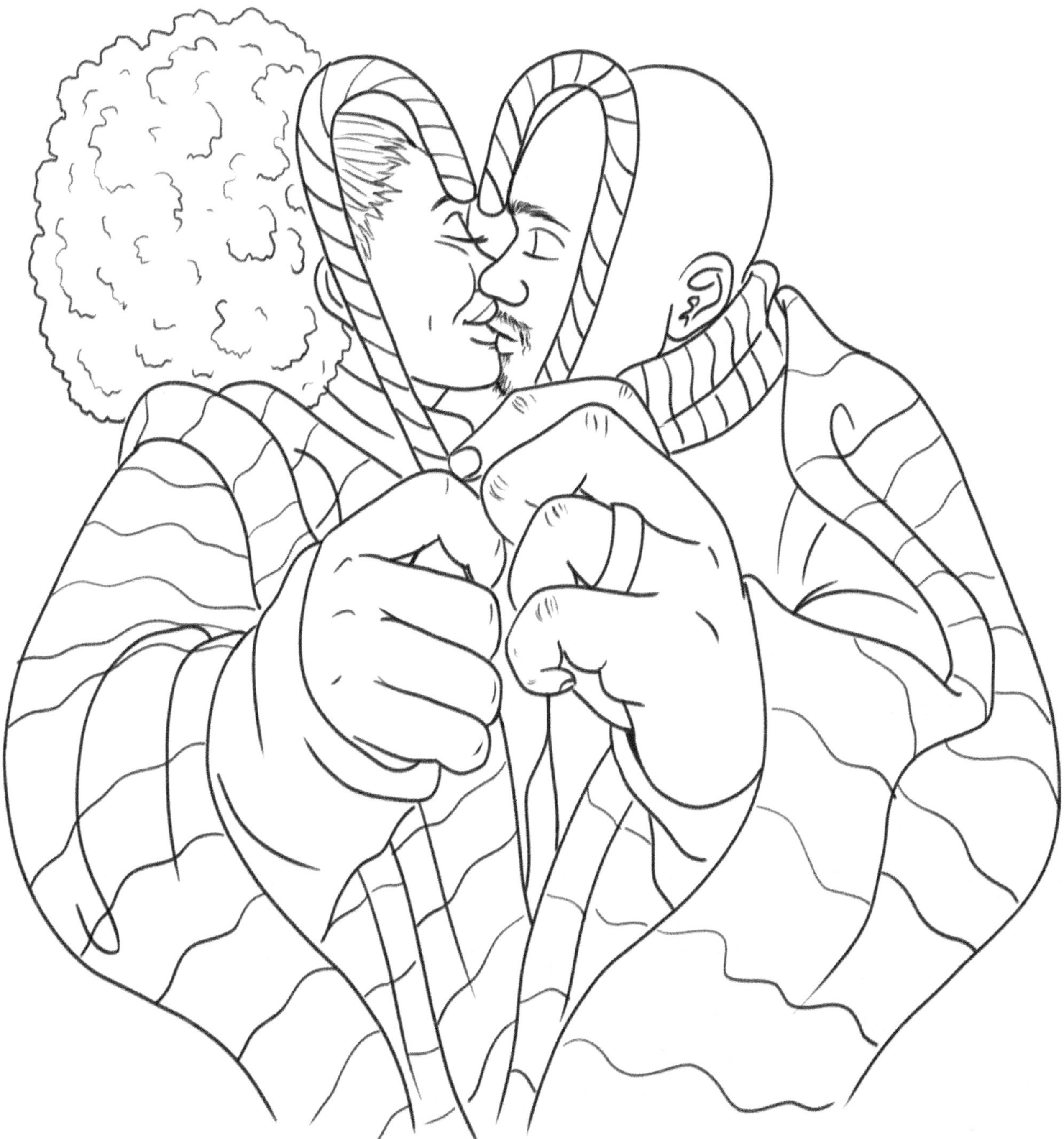

GIFTS OF LOVE

List what gifts you would like to give your partner.

The Occasion Gift – A traditional occasion that requires a gift.	
The Appreciation Gift – A gift to say thank you.	
The Feel Better Gift – A gift to change the mood.	
The Undeserving/Unexpected Gift – A gift to demonstrate love, as to say, "this is just because you are you and you are here".	

Smile.

What did I laugh at today?

_____

_____

_____

_____

_____

_____

How did I make someone laugh today?

_____

_____

_____

_____

_____

MY IMAGINATION

Describe your fairytale.

_____

_____

_____

_____

_____

_____

_____

_____

_____

_____

_____

_____

MY IMAGINATION

Describe your fairytale. (Continued)

_____

_____

_____

_____

_____

_____

_____

_____

_____

_____

_____

_____

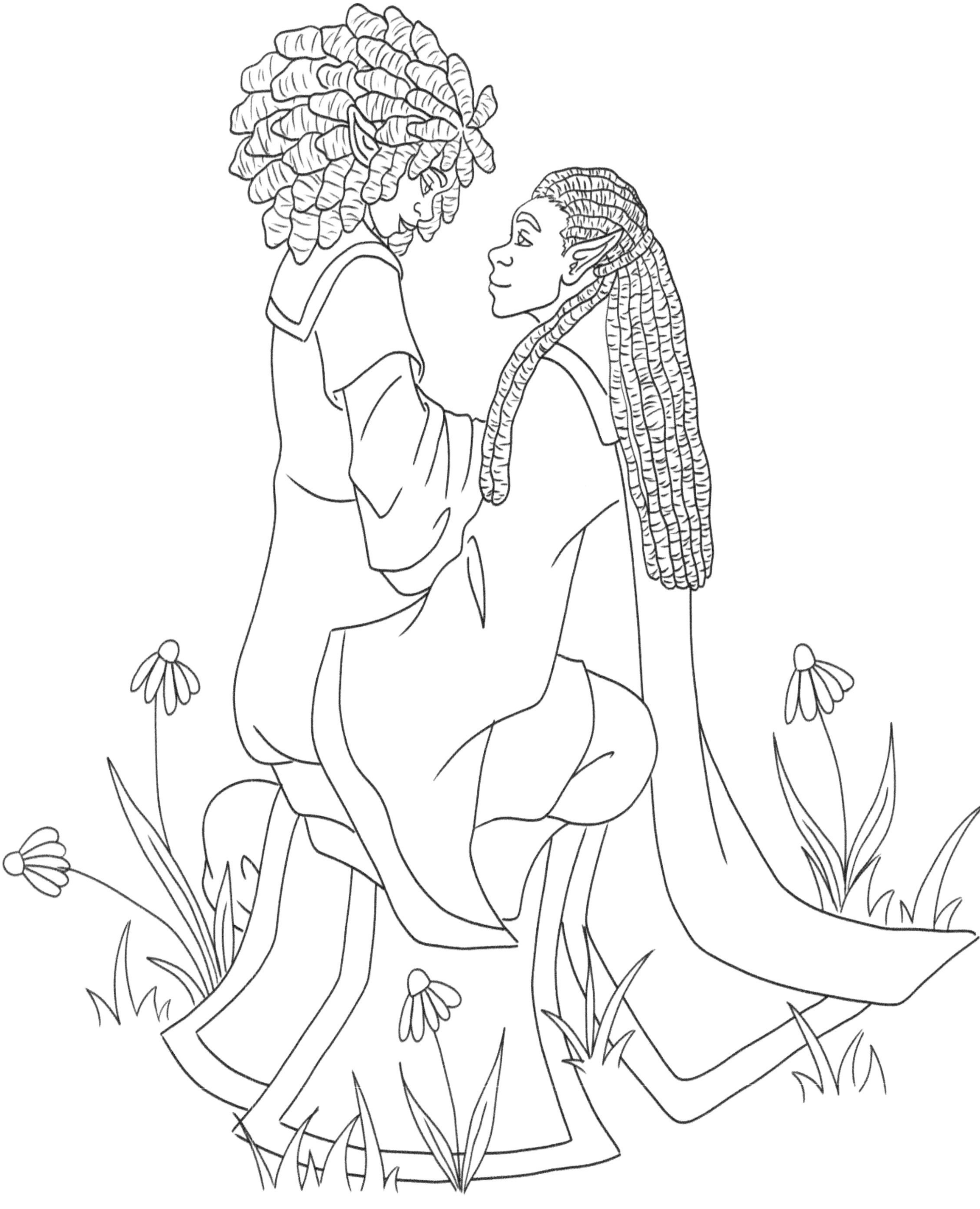

OUR ROMANCE

Describe how your partner made an experience magical for you.

_____

_____

_____

_____

_____

_____

_____

_____

_____

_____

_____

_____

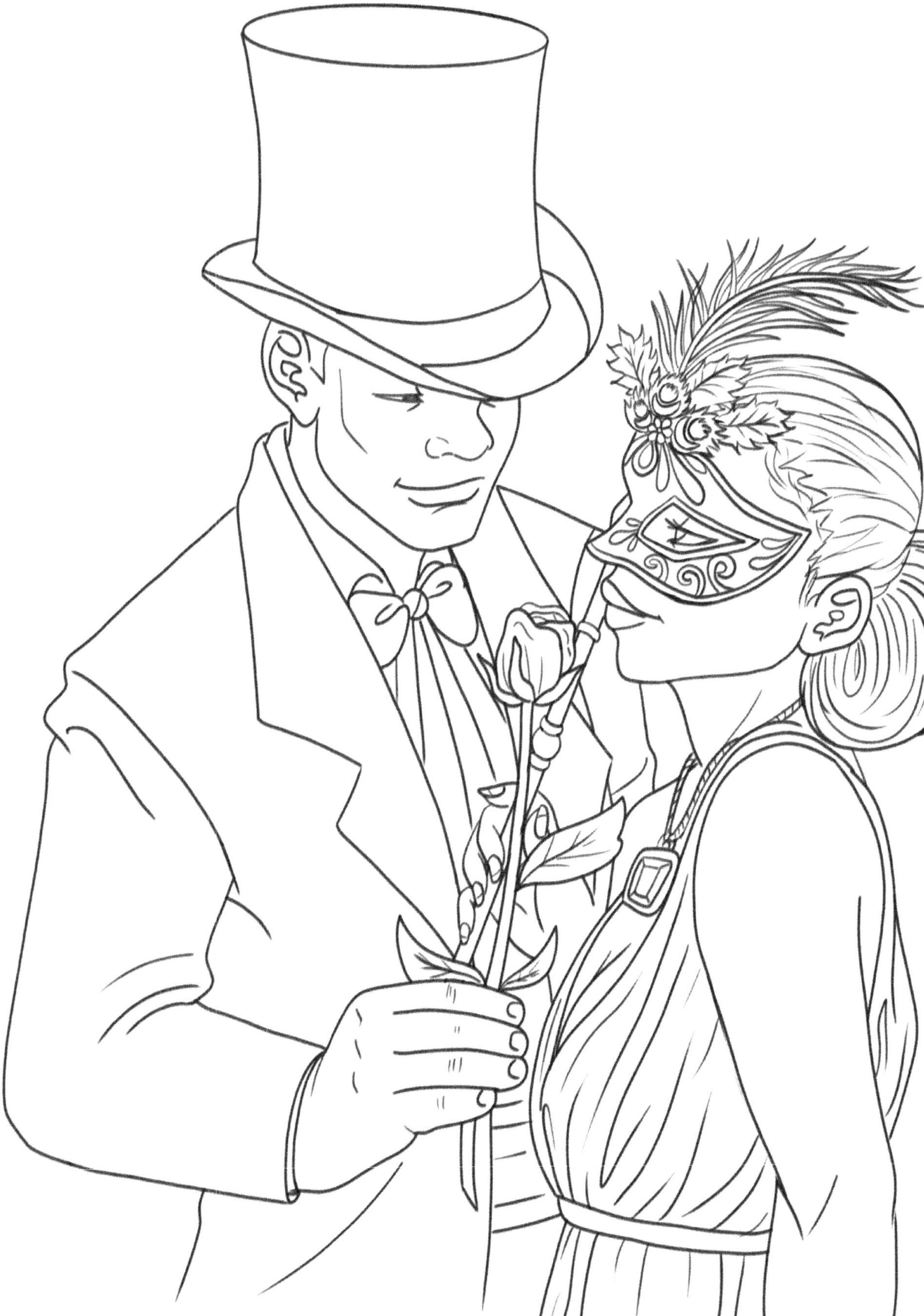

OUR ROMANCE

Describe your last exciting experience with one another.

_____

_____

_____

_____

_____

_____

_____

_____

_____

_____

_____

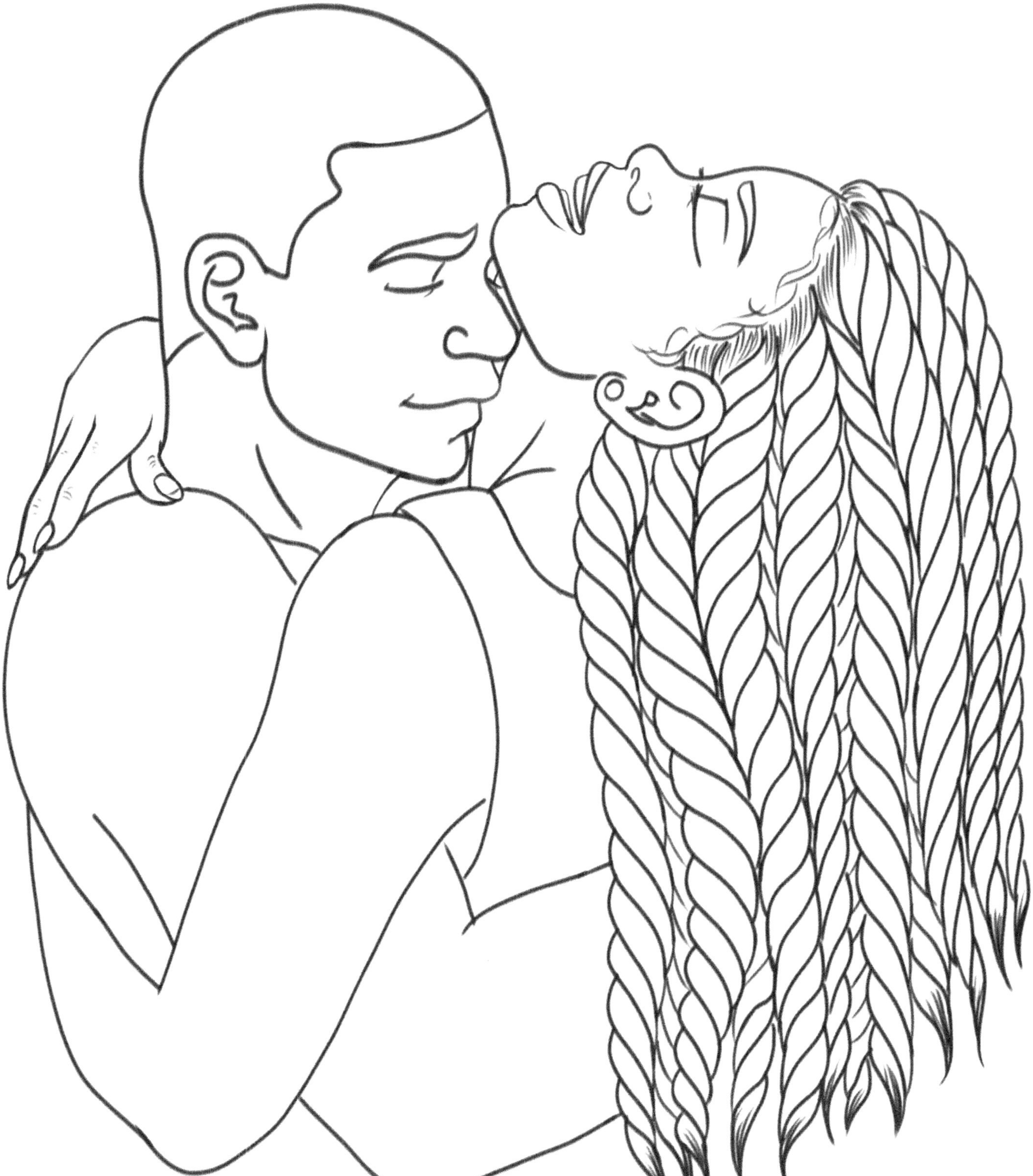

OUR SONGS

Identify your favorite love songs.

1.

2.

3.

4.

5.

6.

7.

8.

9.

10.

11.

12.

OUR SONGS

Identify your partner's favorite love songs.

1.

2.

3.

4.

5.

6.

7.

8.

9.

10.

11.

12.

OUR EVENTS

Identify the events for each month which you and your partner will go together.

January	February
1.	1.
2.	2.
3.	3.

March	April
1.	1.
2.	2.
3.	3.

May	June
1.	1.
2.	2.
3.	3.

OUR EVENTS

Identify the events for each month which you and your partner will go together.

July	August
1.	1.
2.	2.
3.	3.

September	October
1.	1.
2.	2.
3.	3.

November	December
1.	1.
2.	2.
3.	3.

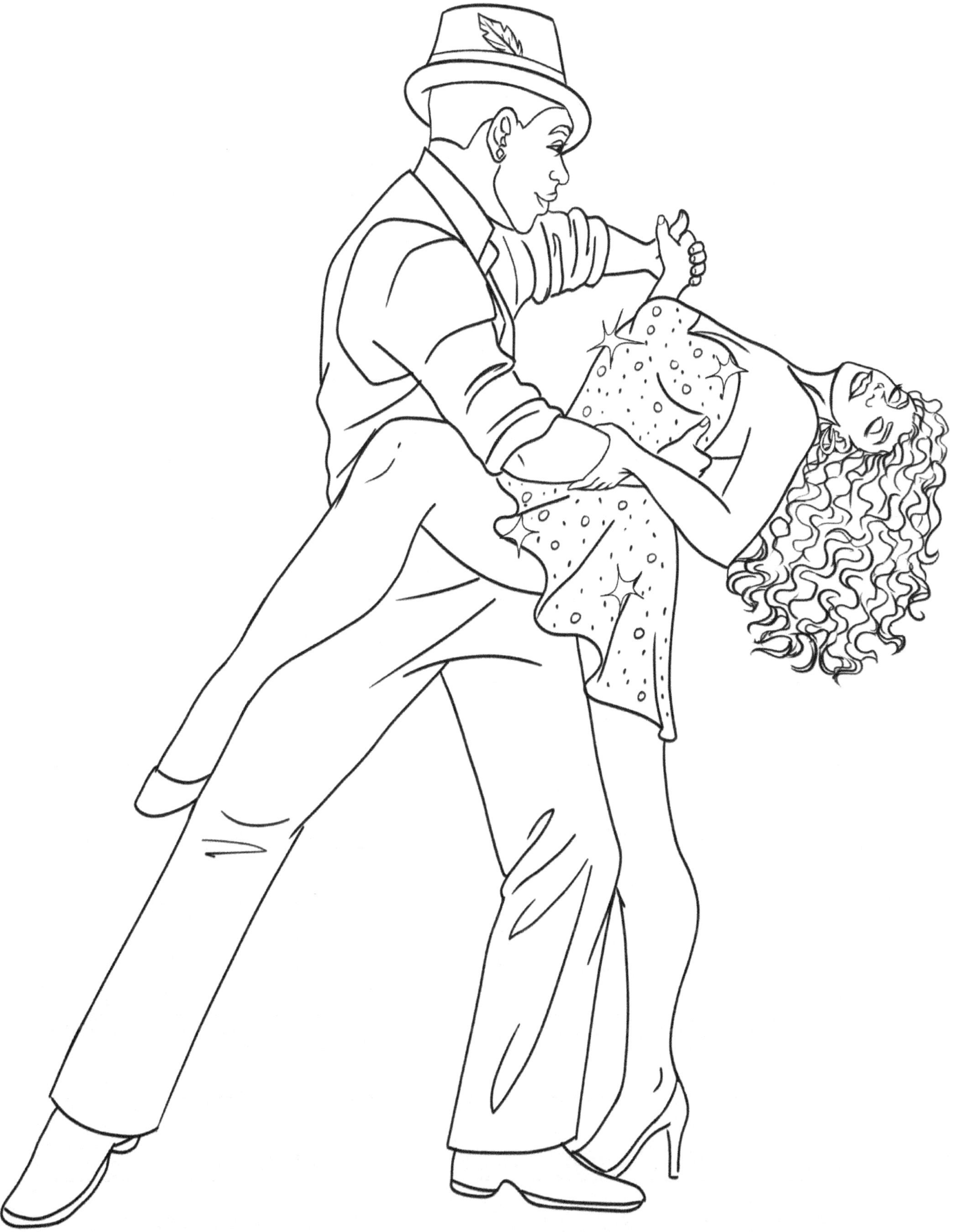

What makes us happy?

OUR WORDS

```
I T Z R E D E Y O U B M J Z T T Q X U X
Z C B F H C W M H U Z U H O P E C G E L
U K N D J O J W O V B B M X L C U N Z N
X S H A I C E L E B R A T E U O Z I Q R
S E U E L X W T J Z C B D L F L A N J C
C C L Q O I V H Y Y Y H D O I O S R E V
L B R K B R W W J H T M C T R Z A M E
J R F W X I E K L F D K X P U F O E T R
L E C F R E C Y C R D E D C A U L L N U
G G O G U V A R W X G N B J E L B W E S
Y A N L I E R G Q B C M K D B M F M M A
T R F Q H I B E T F O Z X A O B Z T Y E
S D I V L L M G R U S F J W N A J E O L
E X D O O E E U A T X S H A R E T R J P
N L E I X B R B E U P N R B J S P I N G
O W N C O C I J H R G O Y S K K U P E D
H B T E S G Z N L E B I Z R C V M S V Q
Z I I M C G S S W B Y S E R D A D N Q D
S D E L I G H T W U X I B D B N B I V A
G Z G Z A X V P V L E V E C N A I D A R
```

Heart	Celebrate	Share	Future	Learning
Honesty	Delight	Believe	Confident	Regard
Voice	Embrace	Beautiful	Enjoyment	Colorful
Vision	Pleasure	Radiance	Inspire	Hope

OUR PHENOMENAL LIFE

Describe your ideal life with your partner.

_____

_____

_____

_____

_____

_____

_____

_____

_____

_____

_____

_____

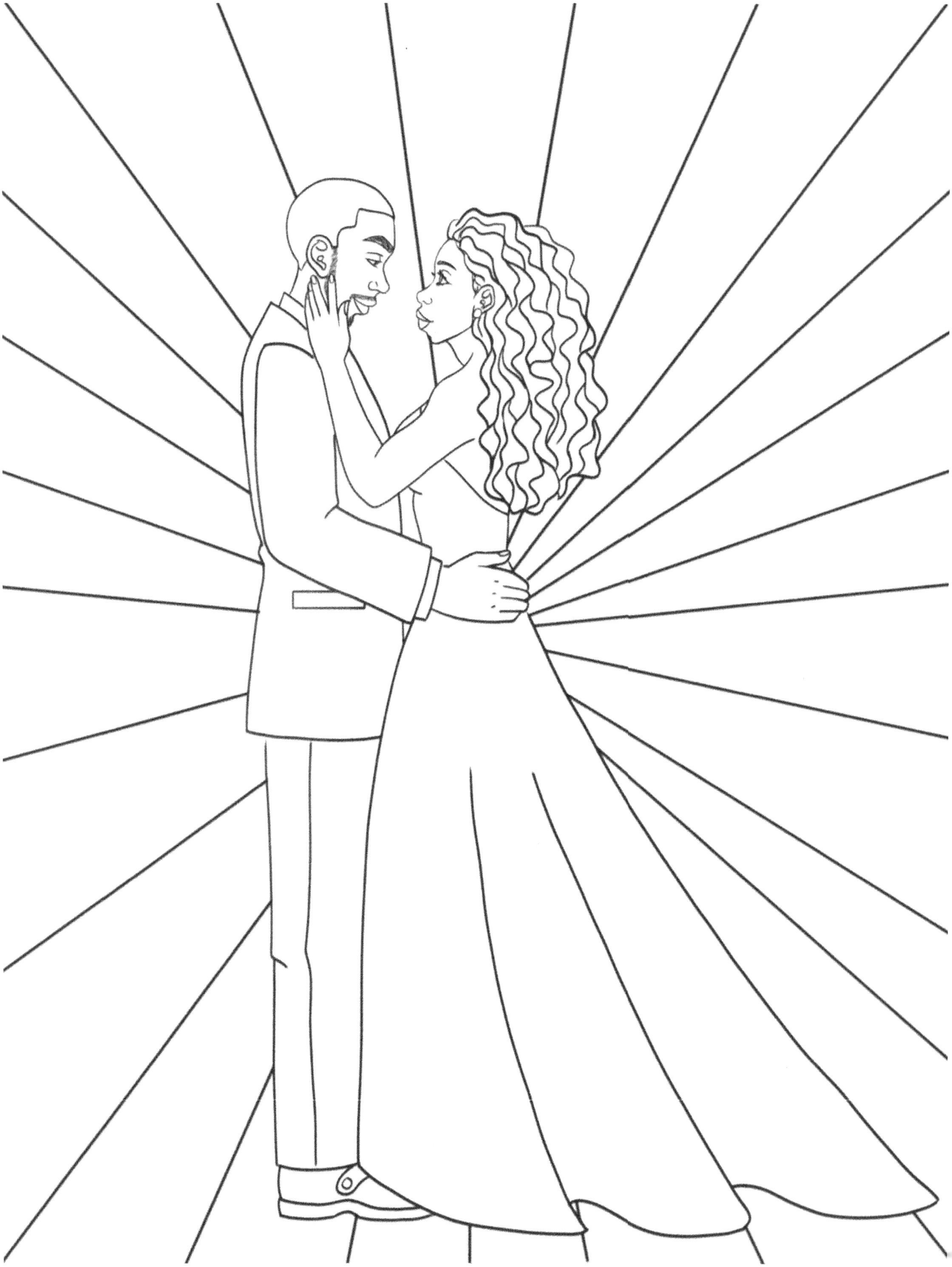

Artist:

Shakira Rivers

Editor:

J.D.Wright

Contributors:

Stephanie R. Spriggs

Billy D. Wright

Toni L. Wright

Creator:

J. D. Wright

Made in the USA
Monee, IL
07 July 2026